Impressum
Verlag: BABADADA GmbH, Nedderfeld 112 , 22529 Hamburg
Geschäftsführer / Verlagsleitung: Harald Hof
Druck: Books on Demand GmbH, In de Tarpen 42, 22848 Norderstedt

Imprint
Publisher: BABADADA GmbH, Nedderfeld 112 , 22529 Hamburg, Germany
Managing Director / Publishing direction: Harald Hof
Print: Books on Demand GmbH, In de Tarpen 42, 22848 Norderstedt

學校
škola

教室
trieda

除
deliť

186/2

黑板
tabuľa

校園
školský dvor

老師
učiteľ

紙
papier

書寫
písať

筆
pero

辦公桌
písací stôl

直尺
pravítko

書
kniha

學生
žiak

書包
školská taška

鉛筆盒
peračník

鉛筆
ceruza

削鉛筆機
strúhadlo na ceruzky

橡皮擦
guma

畫板
skicár

圖畫

kresba

畫筆

štetec

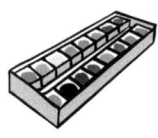

顏料盒

vodové farby

剪刀

nožnice

膠水

lepidlo

練習冊

cvičný zošit

家庭作業

domáca úloha

12

數字

číslo

2+2

加

sčítať

5-2

減

odčítať

2×2

乘

násobiť

計算

počítať

A

字母

písmeno

ABCDEFG
HIJKLMN
OPQRSTU
VWXYZ

字母表

abeceda

hello

字

slovo

課文

text

讀

čítať

粉筆

krieda

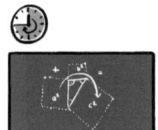

上課

hodina

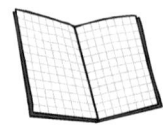

登記

triedna kniha

考試

skúška

證書

certifikát

校服

školská uniforma

教育

vzdelanie

百科全書

encyklopédia

大學

univerzita

顯微鏡

mikroskop

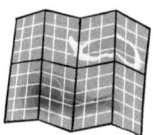

地圖

mapa

廢紙簍

kôš na papier

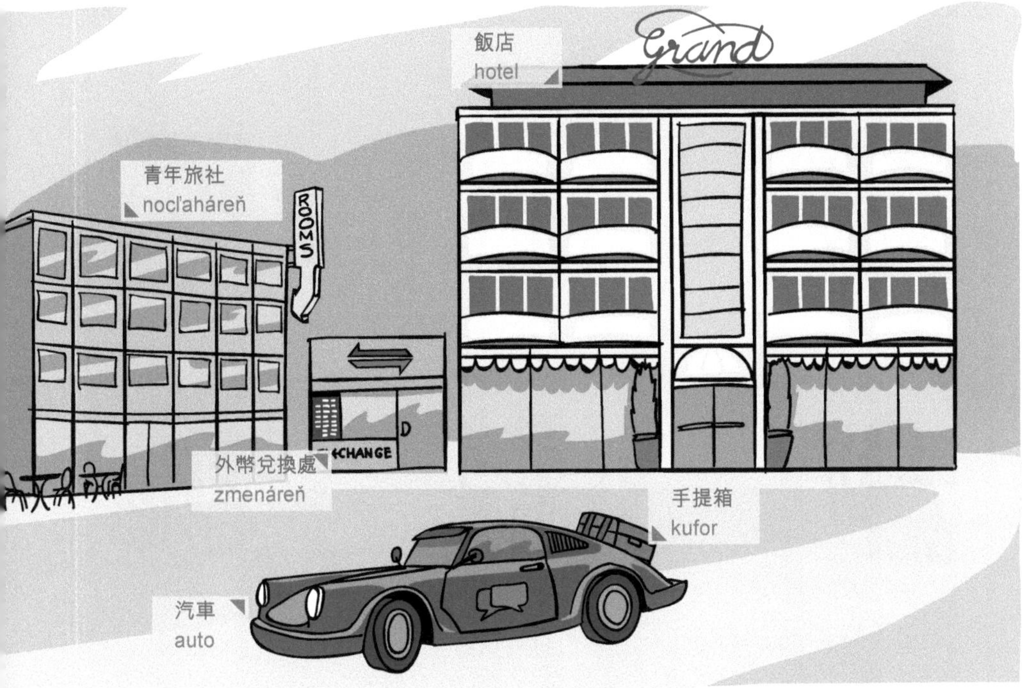
飯店
hotel
Grand
青年旅社
nocľaháreň
ROOMS
EXCHANGE
外幣兌換處
zmenáreň
手提箱
kufor
汽車
auto

語言

jazyk

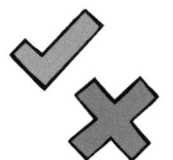

是/否

áno/nie

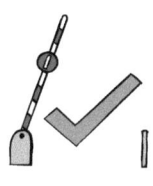

好的

v poriadku

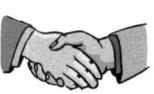

您好

ahoj

翻譯人員

prekladateľ

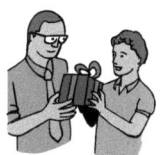

謝謝

ďakujem

......多少錢？

Koľko stojí ... ?

我不明白

Nerozumiem

問題

problém

晚上好！

Dobrý večer!

早上好！

Dobré ráno!

晚安！

Dobrú noc!

再見

Dovidenia

方向

smer

行李

batožina

包

taška

背包

batoh

客人

hosť

房間

izba

睡袋

spacák

帳篷

stan

旅行資訊

informácie pre turistov

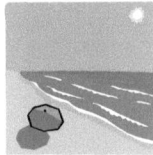

海灘

pláž

信用卡

kreditná karta

早餐

raňajky

午餐

obed

晚餐

večera

票

cestovný lístok

電梯

výťah

郵票

poštová známka

邊界

hranica

海關

clo

大使館

veľvyslanectvo

簽證

vízum

護照

cestovný pas

交通運送

doprava

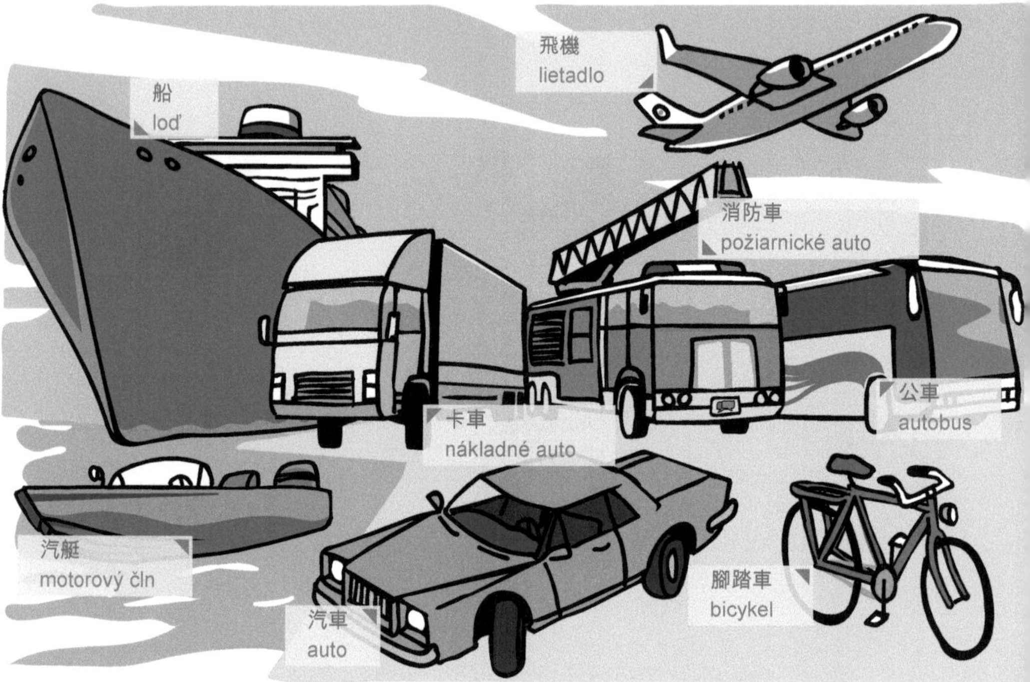

飛機
lietadlo
船
loď
消防車
požiarnické auto
公車
autobus
卡車
nákladné auto
汽艇
motorový čln
腳踏車
bicykel
汽車
auto

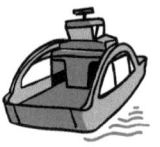

渡輪

trajekt

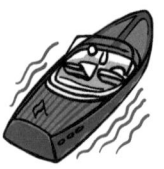

小船

loď

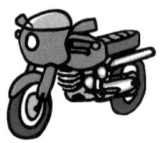

機車

motorka

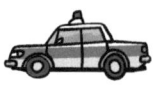

警車

policajné auto

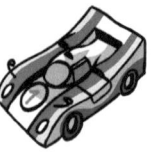

賽車

pretekárske auto

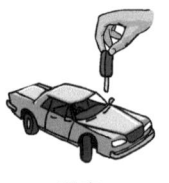

租車

vozidlo z požičovne

拼車

carsharing

拖車

odťahové auto

垃圾車

smetiarske auto

馬達

motor

汽油

benzín

加油站

čerpacia stanica

交通標識

dopravná značka

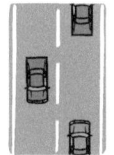

交通

premávka

交通堵塞

zápcha

停車場

parkovisko

火車站

vlaková stanica

軌道

trate

火車

vlak

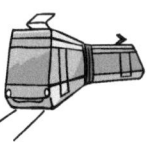

路面電車

električka

客車廂

vagón

直升機

helikoptéra

機場

letisko

塔

veža

乘客

pasažier

集裝箱

kontajner

紙板箱

kartón

手推車

vozík

籃子

kôš

起飛/降落

štartovať / pristáť

城市

mesto

村莊

dedina

市中心

centrum mesta

房子

dom

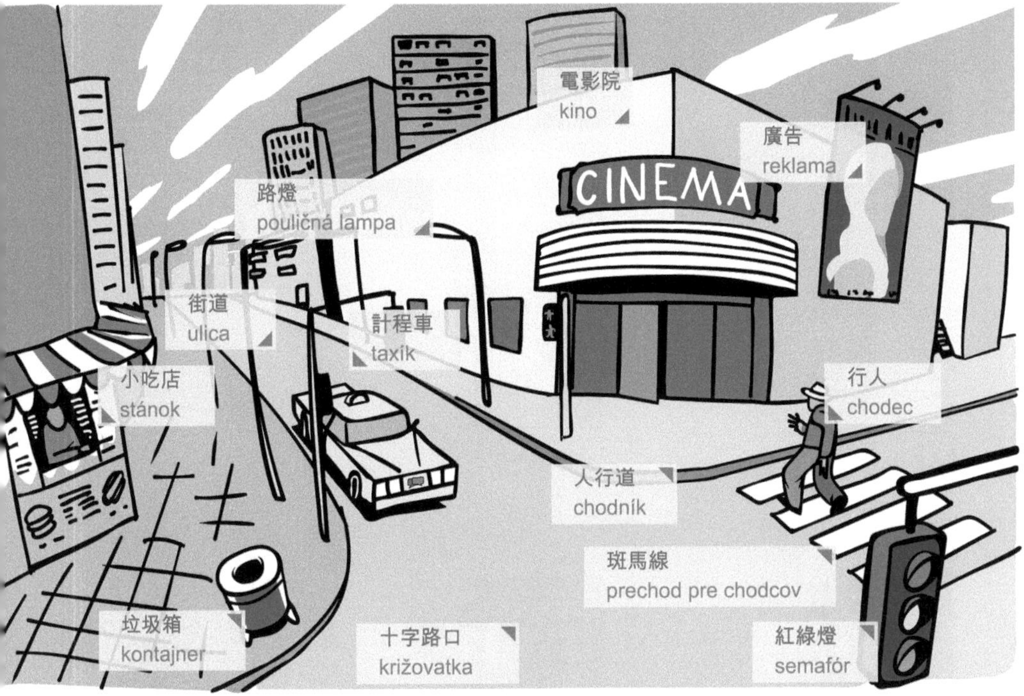

CINEMA
電影院
kino
廣告
reklama
路燈
pouličná lampa
街道
ulica
計程車
taxík
小吃店
stánok
行人
chodec
人行道
chodník
斑馬線
prechod pre chodcov
垃圾箱
kontajner
十字路口
križovatka
紅綠燈
semafór

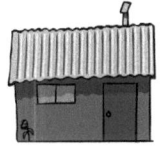

小屋
chata

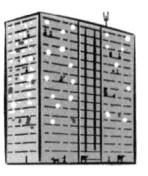

公寓
byt

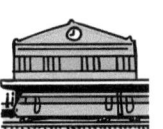

火車站
vlaková stanica

市政廳
radnica

MUSEUM
博物館
múzeum

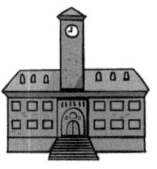

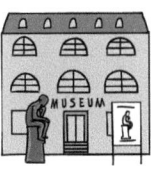

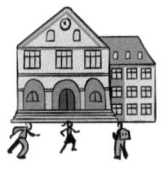

學校
škola

大學

univerzita

銀行

banka

醫院

nemocnica

飯店

hotel

藥房

lekáreň

辦公室

kancelária

書店

kníhkupectvo

商店

obchod

花店

kvetinárstvo

超市

supermarket

市場

trh

百貨商店

obchodný dom

魚店

obchodník s rybami

購物中心

nákupné stredisko

海港

prístav

公園
park

長凳
lavička

橋
most

樓梯
schody

捷運
metro

隧道
tunel

公車站
autobusová zastávka

酒吧
bar

餐館
reštaurácia

郵筒
poštová schránka

路標
tabuľa s názvom ulice

停車計時器
parkovacie hodiny

動物園
ZOO

游泳池
plaváreň

清真寺
mešita

農場

farma

污染

znečisťovanie životného prostredia

墓地

cintorín

教堂

kostol

操場

ihrisko

寺廟

chrám

地形
terén

樹葉
list

指示牌
smerová tabuľa

路
cesta

草地
lúka

石頭
kameň

樹
strom

徒步旅行者
turista

河
rieka

草
tráva

花
kvet

峽谷

dolina

丘陵

kopec

湖

jazero

森林

les

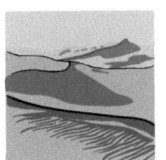

沙漠

púšť

火山

vulkán

城堡

zámok

彩虹

dúha

蘑菇

hríb

棕櫚樹

palma

蚊子

komár

蒼蠅

mucha

螞蟻

mravec

蜜蜂

včela

蜘蛛

pavúk

地形 - terén

甲蟲

chrobák

青蛙

žaba

松鼠

veverička

刺蝟

jež

野兔

zajac

貓頭鷹

sova

鳥

vták

天鵝

labuť

野豬

diviak

鹿

jeleň

麋鹿

los

水壩

hrádza

風力發電機

veterná turbína

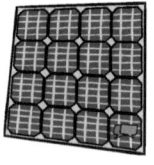

太陽能電池板

solárny panel

氣候

podnebie

服務生
čašník

菜譜
jedálny lístok

椅子
stolička

湯
polievka

披薩餅
pizza

餐具
príbor

桌布
obrus

前菜

predjedlo

主菜

hlavné jedlo

甜點

zákusok

飲料

nápoje

食物

jedlo

瓶子

fľaša

速食

fast-food

街邊小吃

street food

茶壺

kanvica na čaj

糖盒

cukornička

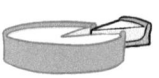

一份飯菜

porcia

義式咖啡機

stroj na espresso

高腳椅

detská stolička

帳單

účet

托盤

podnos

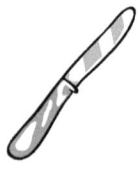

刀

nôž

餐叉

vidlička

勺子

lyžica

茶匙

čajová lyžička

餐巾

obrúsok

玻璃杯

pohár

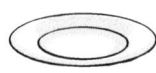

碟子
tanier

湯盤
hlboký tanier

碟子
podšálka

醬
omáčka

鹽瓶
soľnička

胡椒研磨罐
mlynček na korenie

醋
ocot

食用油
olej

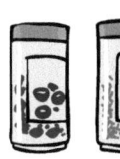

調味料
korenie

番茄醬
kečup

芥末
horčica

美乃滋
majonéza

超市

supermarket

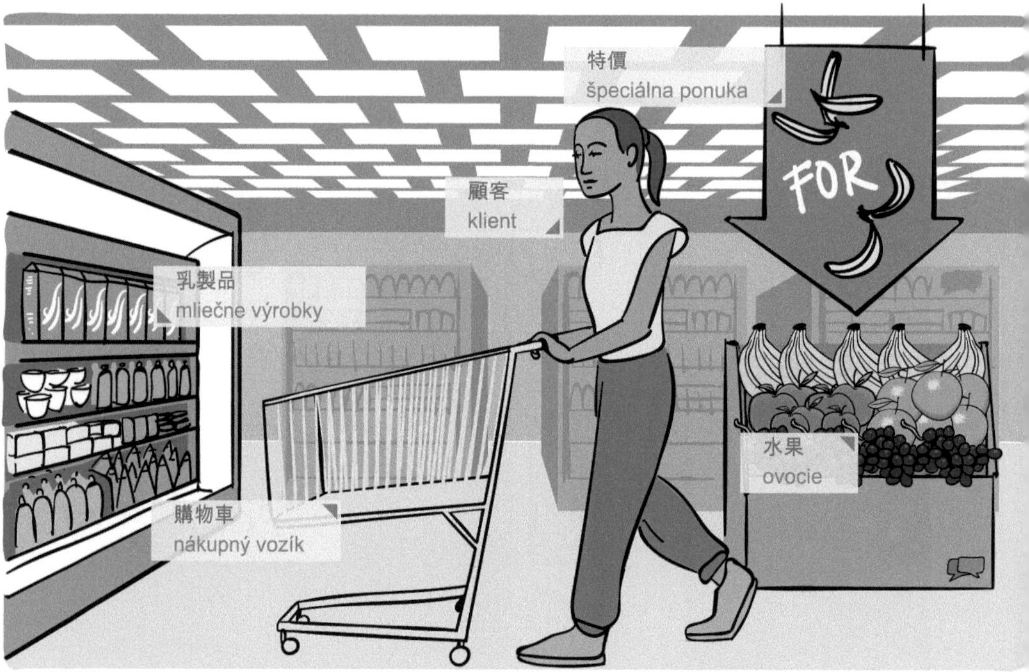

特價
špeciálna ponuka
FOR
顧客
klient
乳製品
mliečne výrobky
水果
ovocie
購物車
nákupný vozík

BUTCHERS

肉鋪

mäsiarstvo

BAKERY

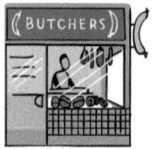

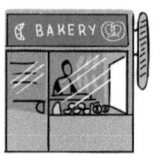

麵包店

pekáreň

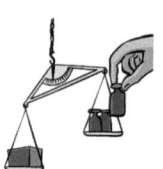

稱重

vážiť

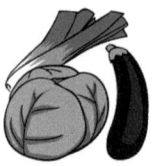

蔬菜

zelenina

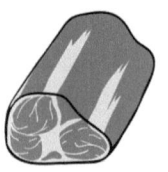

肉

mäso

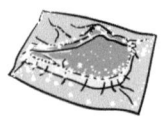

冷凍食品

mrazené potraviny

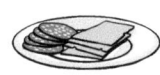

冷盤

nárez

罐頭食品

konzervy

洗衣粉

prací prostriedok

甜食

sladkosti

日用品

domáce potreby

清潔用品

čistiace prostriedky

銷售員

predavačka

收銀機

pokladňa

收銀員

pokladník

購物清單

nákupný zoznam

開放時間

otváracie hodiny

錢包

peňaženka

信用卡

kreditná karta

袋子

taška

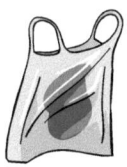

塑膠袋

plastové vrecko

水

voda

果汁

džús

牛奶

mlieko

可樂

kola

紅酒

víno

啤酒

pivo

酒

alkohol

可可

kakao

茶

čaj

咖啡

káva

義式濃縮咖啡

espresso

卡布奇諾

kapučíno

香蕉

banán

蘋果

jablko

柳丁

pomaranč

西瓜

melón

檸檬

citrón

胡蘿蔔

mrkva

大蒜

cesnak

竹子

bambus

洋蔥

cibuľa

蘑菇

hríb

堅果

orechy

麵條

rezance

義大利麵
špagety

米飯
ryža

沙拉
šalát

薯條
hranolky

炸馬鈴薯
pečené zemiaky

披薩餅
pizza

漢堡
hamburger

三明治
obložený chlebík

炸豬排
rezeň

火腿
šunka

義大利臘腸
saláma

香腸
klobása

雞肉
kurča

烤肉
pečené mäso

魚
ryba

燕麥片

ovsené vločky

木斯里

müsli

玉米片

kukuričné lupienky

麵粉

múka

牛角麵包

croissant

麵包捲

pečivo

麵包

chlieb

吐司

hrianka

餅乾

sušienky

奶油

maslo

凝乳

tvaroh

蛋糕

koláč

蛋

vajce

煎蛋

volské oko

起司

syr

冰淇淋

zmrzlina

糖

cukor

蜂蜜

med

果醬

lekvár

巧克力醬

nugátová nátierka

咖哩

karí korenie

農場
farma

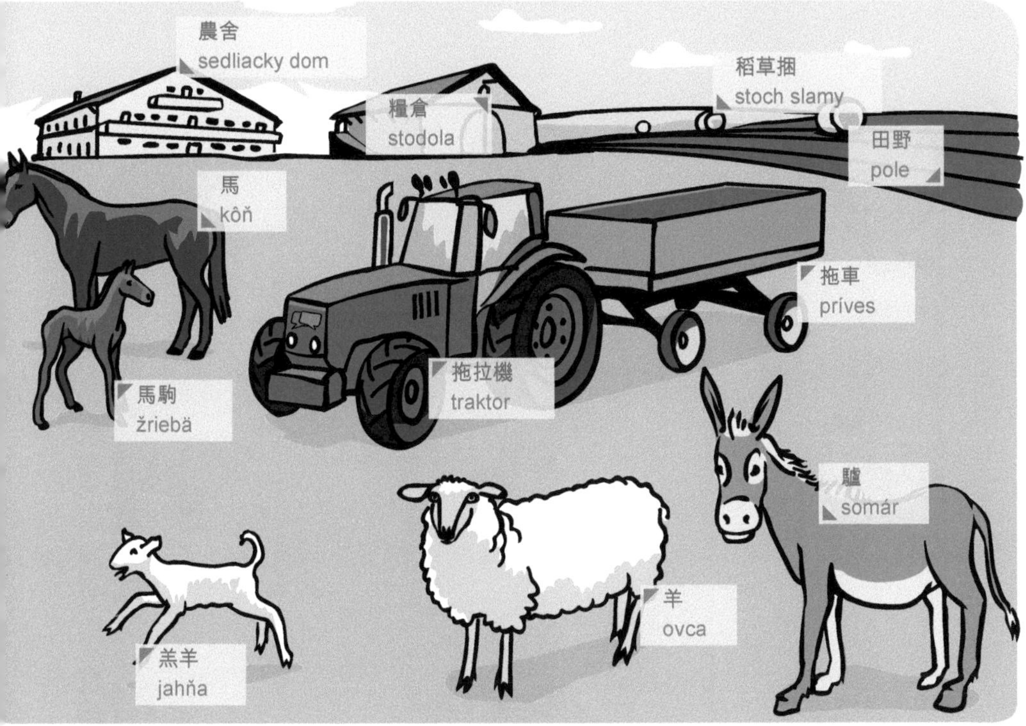
農舍
sedliacky dom
糧倉
stodola
稻草捆
stoch slamy
田野
pole
馬
kôň
拖車
príves
拖拉機
traktor
馬駒
žriebä
驢
somár
羊
ovca
羔羊
jahňa

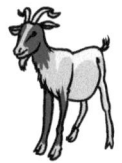

山羊

koza

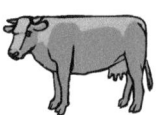

奶牛

krava

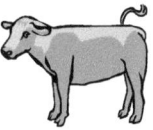

小牛

teľa

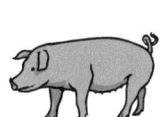

豬

prasa

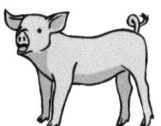

小豬

prasiatko

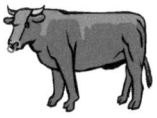

公牛

býk

鵝

hus

鴨

kačica

小雞

kuriatko

母雞

sliepka

公雞

kohút

鼠

potkan

貓

mačka

老鼠

myš

牛

vôl

狗

pes

狗屋

psia búda

花園澆水軟管

záhradná hadica

澆水壺

krhla

長柄大鐮刀

kosa

犁

pluh

鐮刀

kosák

鋤頭

motyka

長柄草耙

vidly na hnoj

斧頭

sekera

獨輪手推車

fúrik

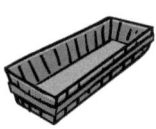

飼料槽

koryto

牛奶罐

kanva na mlieko

麻布袋

vrece

柵欄

plot

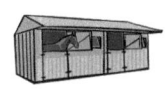

馬廄

maštaľ

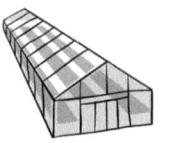

溫室

skleník

土壤

pôda

種子

osivo

肥料

hnojivo

聯合收割機

kombajn

收割

žať

收割

žatva

地瓜

batát

小麥

pšenica

大豆

sója

土豆

zemiak

玉米

kukurica

油菜籽

repka

果樹

ovocný strom

樹薯

maniok

穀物

obilie

房子
dom

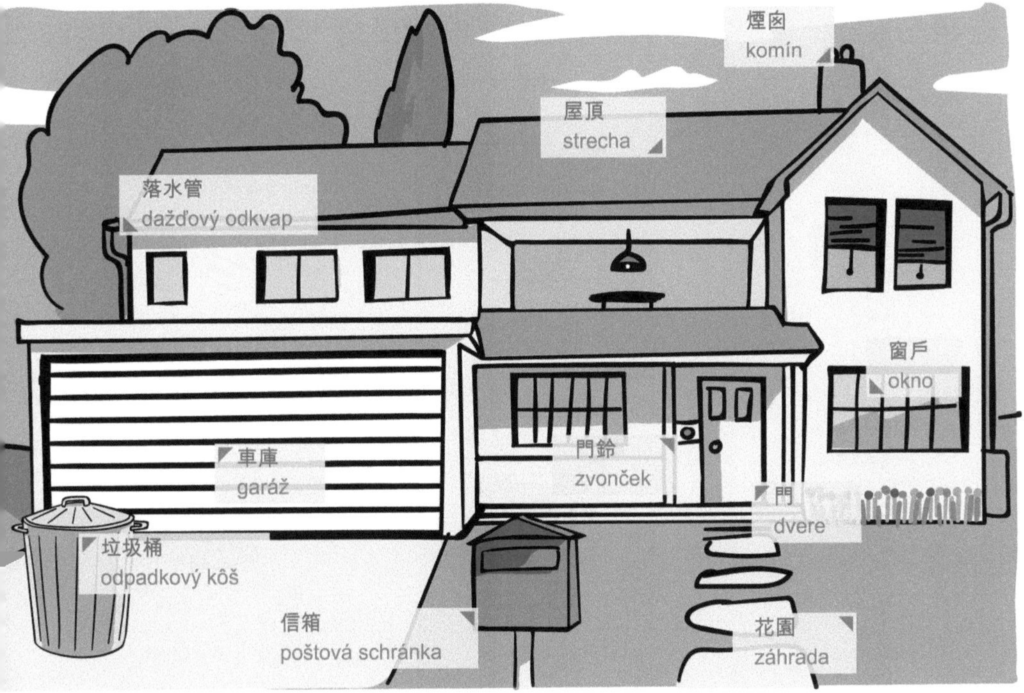

煙囪
komín

屋頂
strecha

落水管
dažďový odkvap

窗戶
okno

車庫
garáž

門鈴
zvonček

門
dvere

垃圾桶
odpadkový kôš

信箱
poštová schránka

花園
záhrada

客廳

obývačka

浴室

kúpeľňa

廚房

kuchyňa

臥室

spálňa

兒童房

detská izba

餐廳

jedáleň

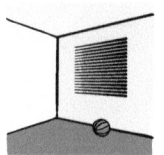

地板
podlaha

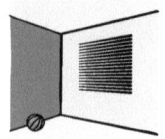

牆壁
stena

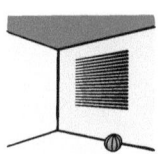

天花板
strop

地窖
pivnica

三溫暖
sauna

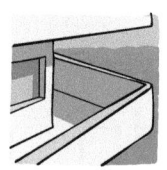

陽臺
balkón

露臺
terasa

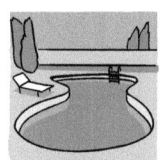

游泳池
bazén

割草機
kosačka

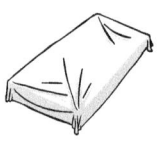

被單
obliečka

床罩
posteľná prikrývka

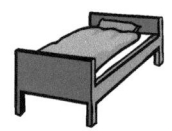

床
posteľ

掃帚
metla

水桶
vedro

開關
vypínač

客廳
obývačka

壁紙
tapeta
相片
obraz
檯燈
lampa
擱架
regál
櫥櫃
skriňa
電視
televízor
壁爐
kozub
花
kvet
墊子
vankúš
沙發
pohovka
花瓶
váza
遙控器
diaľkové ovládanie

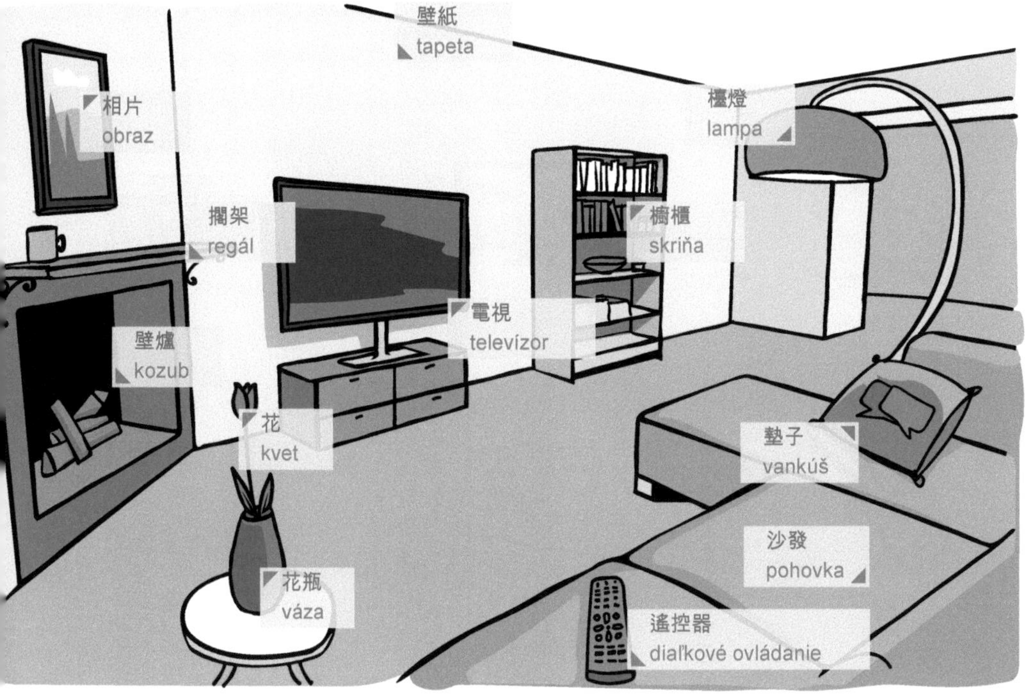

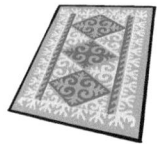

地毯

koberec

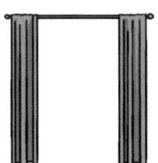

窗簾

záclona

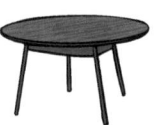

餐桌

stôl

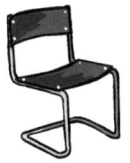

椅子

stolička

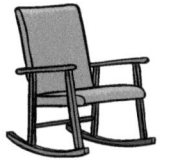

搖椅

hojdacie kreslo

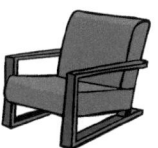

扶手椅

kreslo

書

kniha

毯子

prikrývka

裝飾品

dekorácia

木柴

drevo na kúrenie

電影

film

高傳真音響

hi-fi veža

鑰匙

kľúč

報紙

noviny

油畫

maľba

海報

plagát

收音機

rádio

筆記本

zápisník

吸塵器

vysávač

仙人掌

kaktus

蠟燭

sviečka

廚房
kuchyňa

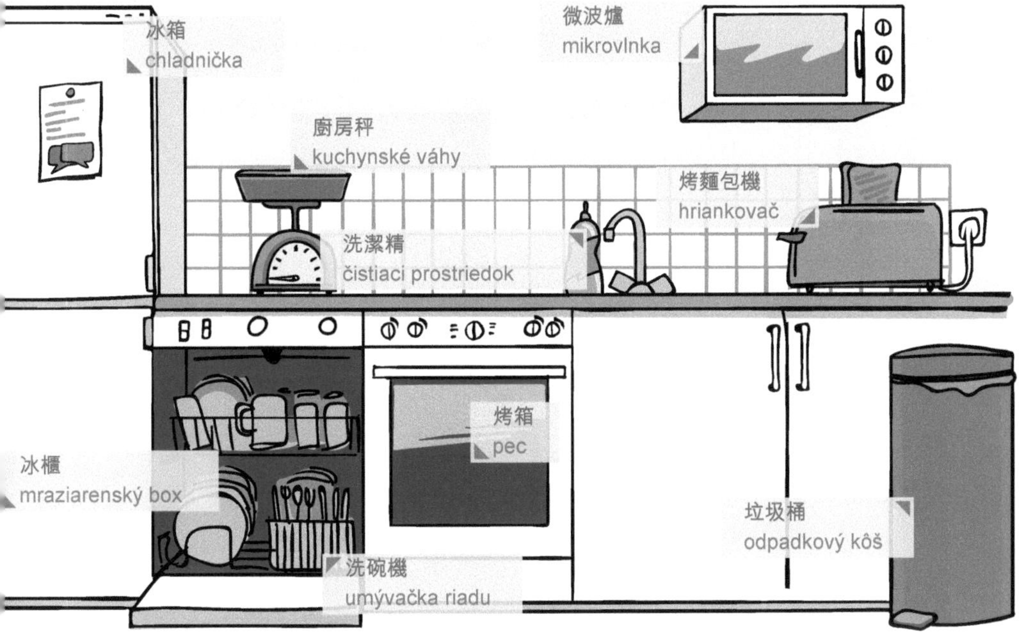

冰箱
chladnička
微波爐
mikrovlnka
廚房秤
kuchynské váhy
烤麵包機
hriankovač
洗潔精
čistiaci prostriedok
烤箱
pec
冰櫃
mraziarenský box
垃圾桶
odpadkový kôš
洗碗機
umývačka riadu

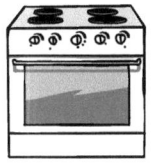

炊具

sporák

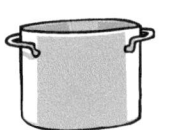

鍋

hrniec

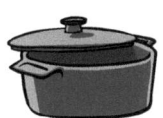

鑄鐵鍋

železný hrniec

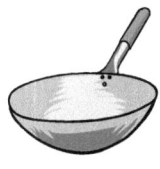

炒鍋

wok / kadai

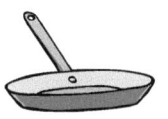

平底鍋

panvica

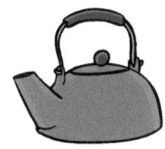

水壺

rýchlovarná kanvica

蒸鍋

parný hrniec

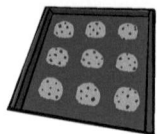

烤盤

plech na pečenie

陶瓷鍋

riad

馬克杯

pohár

碗

misa

筷子

paličky

長柄勺

naberačka na polievku

鏟子

stierka

攪拌器

metlička

濾網

cedidlo

篩子

sitko

磨碎機

strúhadlo

研缽

mažiar

燒烤

gril

明火

ohnisko

菜板

doska na krájanie

擀麵杖

valček na cesto

開瓶器

vývrtka

罐子

konzerva

開罐器

otvárač na konzervy

隔熱手套

chňapka

水槽

výlevka

刷子

kefa

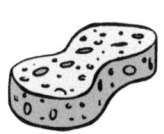

海綿

hubka

攪拌機

mixér

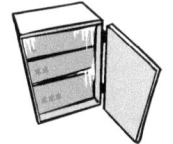

冷藏箱

mraznička

奶瓶

kojenecká fľaša

水龍頭

vodovodný kohútik

浴室
kúpeľňa

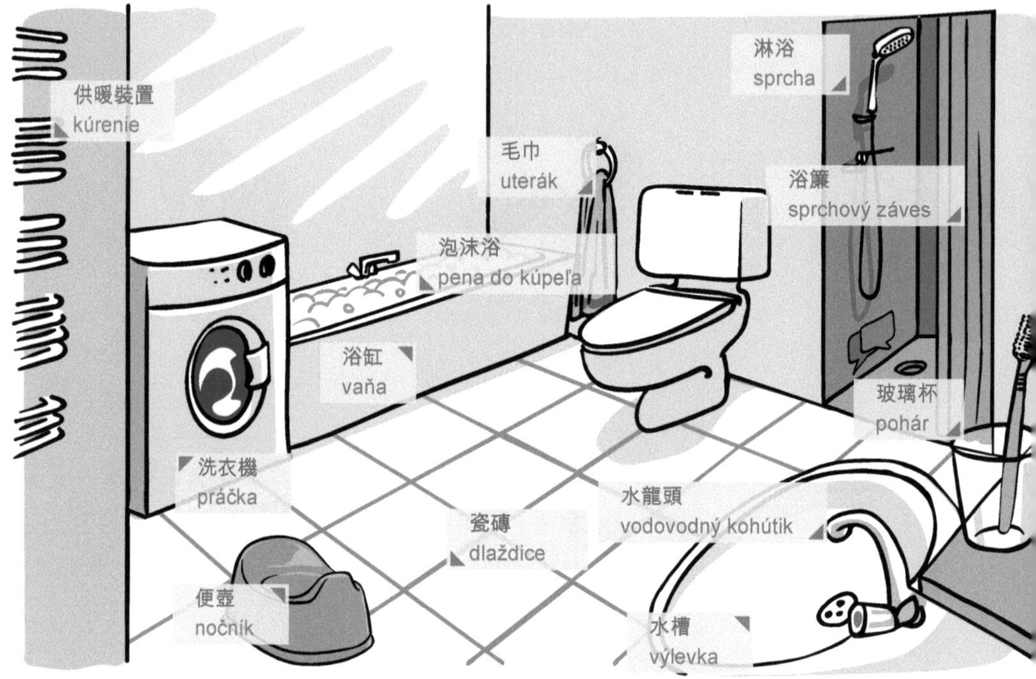

淋浴
sprcha
供暖裝置
kúrenie
毛巾
uterák
浴簾
sprchový záves
泡沫浴
pena do kúpeľa
浴缸
vaňa
玻璃杯
pohár
洗衣機
práčka
水龍頭
vodovodný kohútik
瓷磚
dlaždice
便壺
nočník
水槽
výlevka

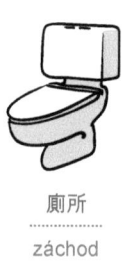

廁所
záchod

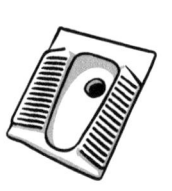

蹲便器
suchý záchod

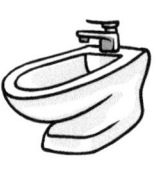

坐浴器
bidet

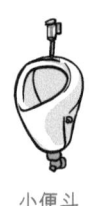

小便斗
pisoár

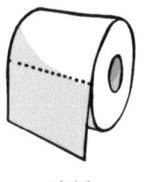

廁紙
toaletný papier

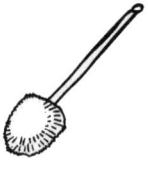

馬桶刷
záchodová kefa

牙刷

zubná kefka

牙膏

zubná pasta

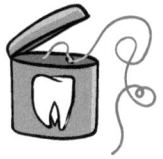

牙線

dentálna niť

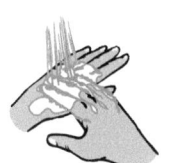

洗

umývať

手持式蓮蓬頭

ručná sprcha

沖洗器

sprcha pre intímnu hygienu

洗臉盆

umývadlo

洗背刷

kefa na chrbát

肥皂

mydlo

沐浴露

sprchový gél

洗髮乳

šampón

法蘭絨

frotírová rukavica

排水

odtok

乳霜

krém

除臭劑

dezodorant

浴室 - kúpeľňa

鏡子

zrkadlo

手鏡

kozmetické zrkadlo

刮鬍刀

žiletka

刮鬍泡沫

pena na holenie

鬍後水

voda po holení

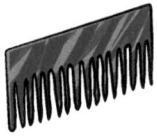

梳子

hrebeň

刷子

kefa

吹風機

sušič vlasov

噴髮定型劑

sprej na vlasy

化妝品

make-up

唇膏

rúž

指甲油

lak na nechty

化妝棉

vata

指甲剪

nožnice na nechty

香水

parfum

洗漱包

kozmetická taška

凳子

stolček

計重秤

váha

浴袍

kúpací plášť

橡膠手套

gumové rukavice

衛生棉條

tampón

衛生棉

menštruačná vložka

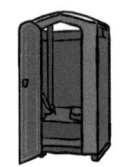

化學廁所

chemické WC

兒童房
detská izba

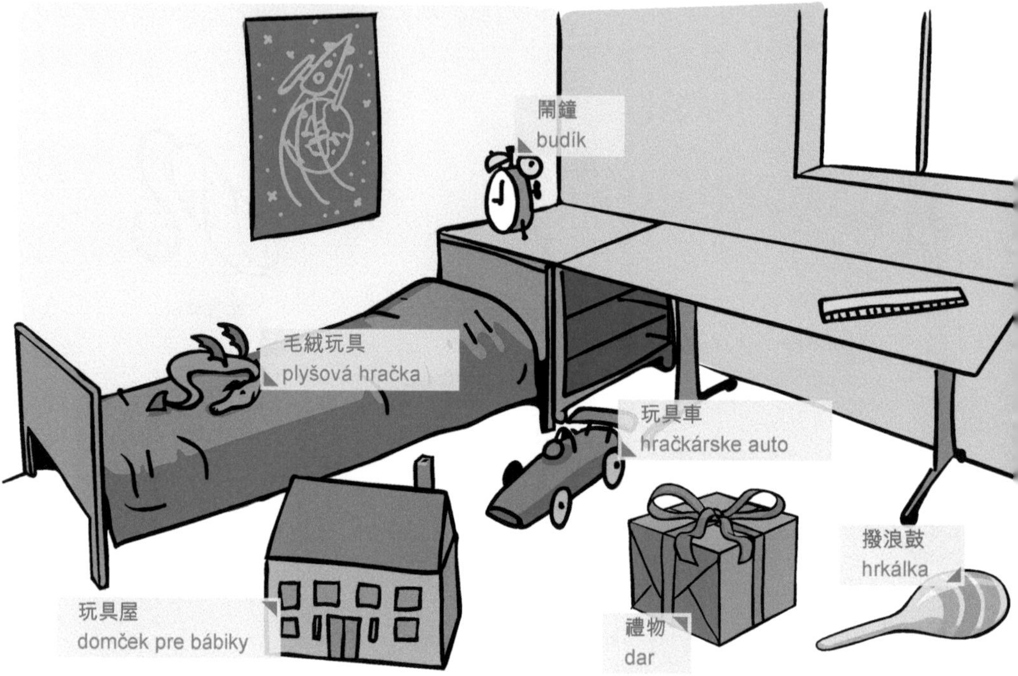

鬧鐘
budík

毛絨玩具
plyšová hračka

玩具車
hračkárske auto

撥浪鼓
hrkálka

玩具屋
domček pre bábiky

禮物
dar

氣球
balón

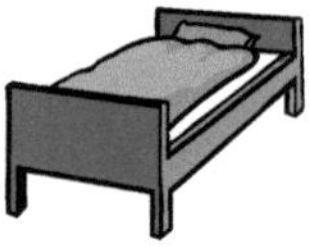

床
posteľ

嬰兒車
detský kočík

撲克牌
karty

拼圖
puzzle

漫畫
komix

樂高積木

skladačka lego

積木玩具

stavebnica

公仔

akčná postavička

嬰兒服

dupačky

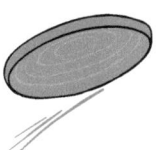

飛盤

lietajúci tanier

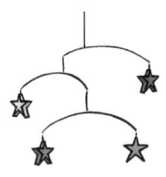

床鈴玩具

závesné hračky

棋盤遊戲

stolová hra

骰子

kocka

火車模型

modelový vláčik

安撫奶嘴

cumlík

派對

párty

繪本

obrázková kniha

球

lopta

洋娃娃

bábika

玩

hrať sa

沙坑

pieskovisko

鞦韆

hojdačka

玩具

hračky

電玩遊戲

hracia konzola

三輪車

trojkolka

泰迪熊

medvedík

衣櫃

šatník

衣服

šatstvo

襪子

ponožky

長襪

pančuchy

緊身褲

pančuchové nohavičky

圍巾
šál

雨傘
dáždnik

皮帶
opasok

T恤
tričko

靴子
čižmy

拖鞋
papuče

運動鞋
tenisky

涼鞋
sandále

鞋
topánky

雨靴
gumáky

內褲
spodky

胸罩
podprsenka

背心
tielko

衣服 - šatstvo

身體

body

褲子

nohavice

牛仔褲

džínsy

短裙

sukňa

女式襯衫

blúzka

襯衫

košeľa

套頭衫

pulóver

連帽上衣

sveter

西裝夾克

blejzer

夾克

bunda

外套

kabát

雨衣

pršiplášť

套裝

kostým

連衣裙

šaty

婚紗

svadobné šaty

西裝
oblek

睡袍
nočná košeľa

睡衣
pyžamo

莎麗
sari

頭巾
šatka na hlavu

包頭巾
turban

波卡
burka

卡夫坦
kaftan

(阿拉伯式)長袍
abaja

泳衣
dvojdielne plavky

男式泳褲
plavky

短褲
šortky

運動服
teplákova súprava

圍裙
zástera

手套
rukavice

鈕扣

gombík

眼鏡

okuliare

手鏈

náramok

項鍊

retiazka

戒指

prsteň

耳環

náušnica

便帽

čiapka

衣架

vešiak

帽子

klobúk

領帶

kravata

拉鍊

zips

安全帽

prilba

背帶

traky

校服

školská uniforma

制服

uniforma

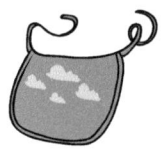

圍兜

podbradník

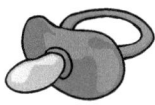

安撫奶嘴

cumlík

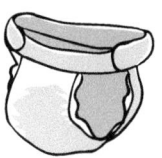

尿布

plienka

辦公室

kancelária

伺服器
server
檔案櫃
skriňa na spisy
印表機
tlačiareň
紙
papier
螢幕
monitor
滑鼠
myš
辦公桌
písací stôl
資料夾
zakladač
鍵盤
klávesnica
椅子
stolička
廢紙簍
kôš na papier
電腦
počítač

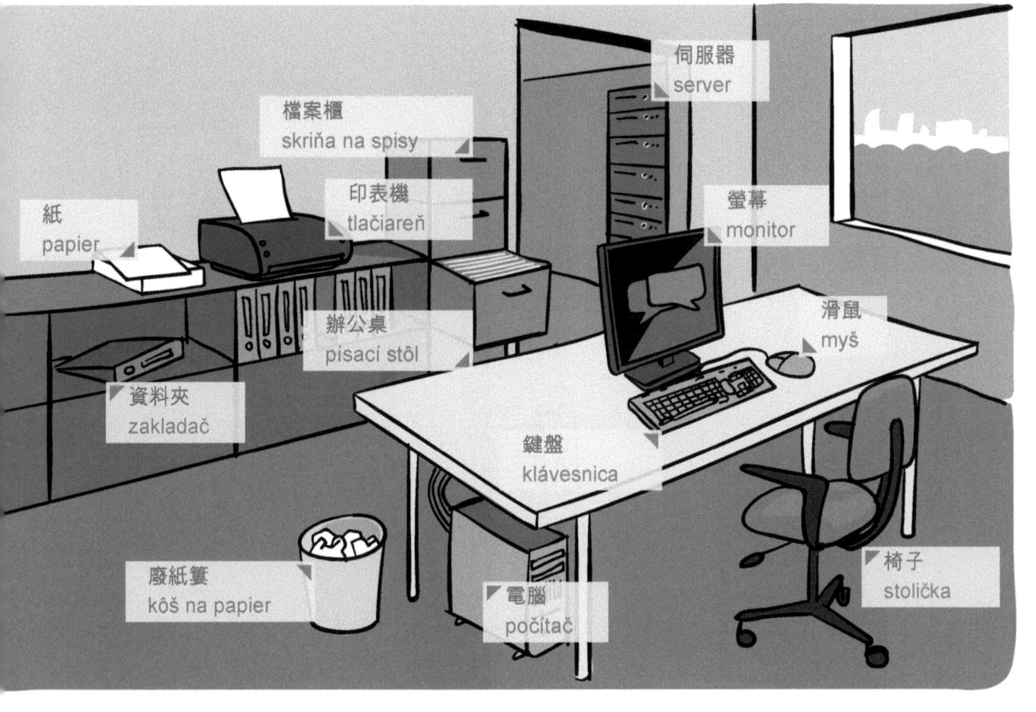

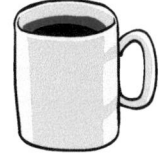

咖啡杯

hrnček na kávu

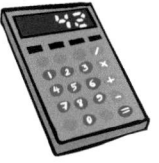

計算機

kalkulačka

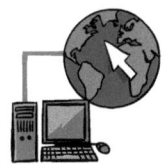

網際網路

internet

筆記型電腦
laptop

信件
list

簡訊
správa

行動電話
mobil

網路
sieť

影印機
kopírka

軟體
softvér

電話
telefón

插座
elektrická zásuvka

傳真機
fax

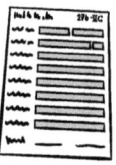

表格
formulár

檔案
doklad

買
....
kúpiť

付錢
....
platiť

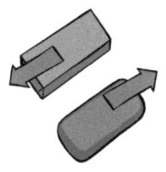

交易
....
obchodovať

現金
....
peniaze

美元
....
dolár

歐元
....
euro

日元
....
jen

盧布
....
rubeľ

瑞士法郎
....
švajčiarsky frank

人民幣
....
čínsky jüan

盧比
....
rupia

提款處
....
bankomat

外幣兌換處

zmenáreň

金

zlato

銀

striebro

石油

ropa

能源

energia

價格

cena

合約

zmluva

稅金

daň

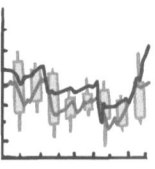

股票

akcia

工作

pracovať

職員

zamestnanec

老闆

zamestnávateľ

工廠

továreň

商店

obchod

職業
povolania

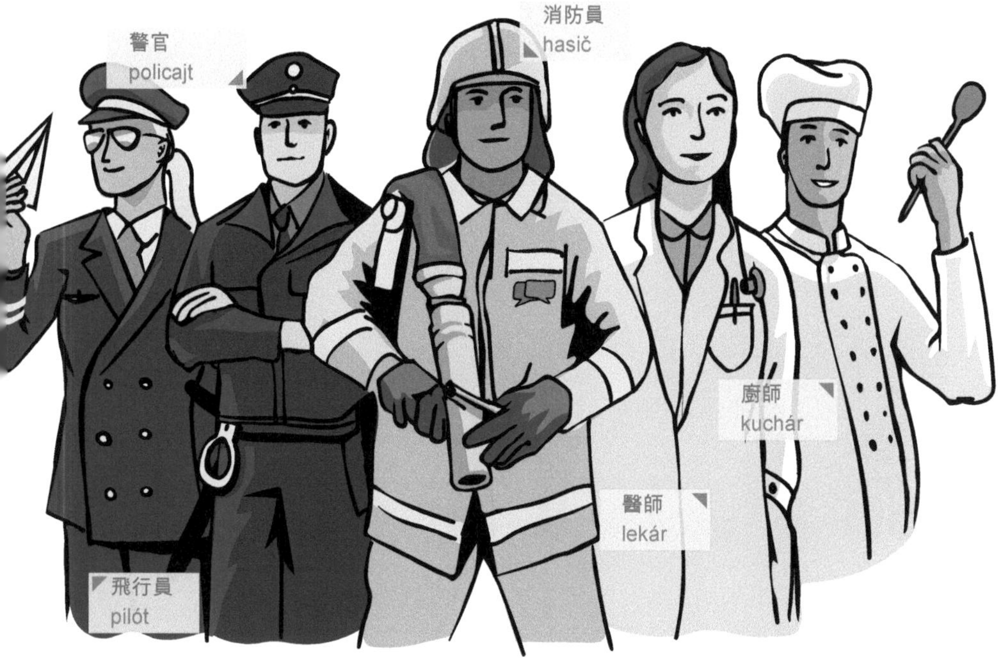

警官
policajt
消防員
hasič
廚師
kuchár
醫師
lekár
飛行員
pilót

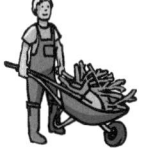

園丁

záhradník

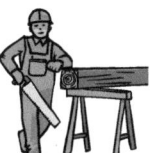

木匠

stolár

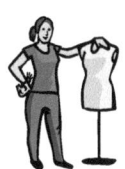

裁縫

krajčírka

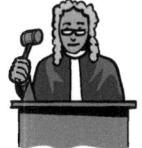

法官

sudca

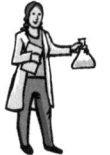

化學家

chemik

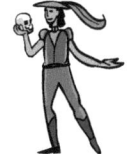

演員

herec

公車司機

vodič autobusu

計程車司機

taxikár

漁夫

rybár

清洗女工

upratovačka

屋頂工

pokrývač

服務生

čašník

獵人

poľovník

畫家

maliar

麵包師

pekár

電工

elektrikár

建築工人

stavebný robotník

工程師

inžinier

屠夫

mäsiar

水管工

klampiar

郵差

poštár

士兵

vojak

建築師

architekt

收銀員

pokladník

花農

kvetinár

理髮師

kaderník

售票員

sprievodca

機械技師

mechanik

船長

kapitán

牙醫

zubár

科學家

vedec

拉比

rabín

伊瑪目

imám

和尚

mních

牧師

farár

工具

náradie

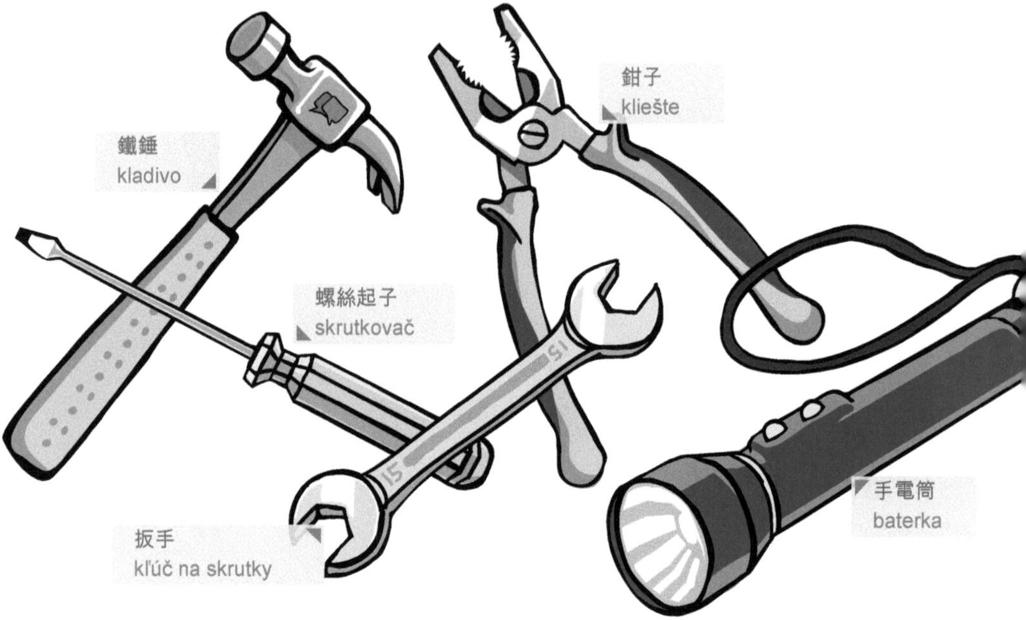
鐵錘
kladivo
鉗子
kliešte
螺絲起子
skrutkovač
手電筒
baterka
扳手
kľúč na skrutky

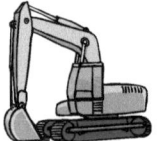

挖掘機

bager

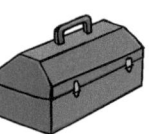

工具箱

súprava náradia

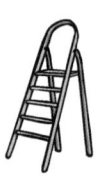

梯子

rebrík

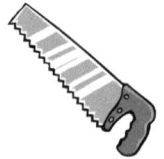

鋸子

pílka

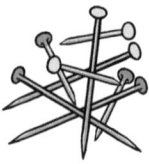

釘子

klince

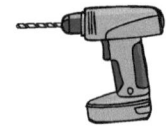

鑽機

vrták

修
....
opraviť

鏟子
....
lopata

糟糕！
....
Do čerta!

畚箕
....
lopatka na smeti

油漆桶
....
nádoba s farbou

螺絲
....
skrutky

樂器

hudobné nástroje

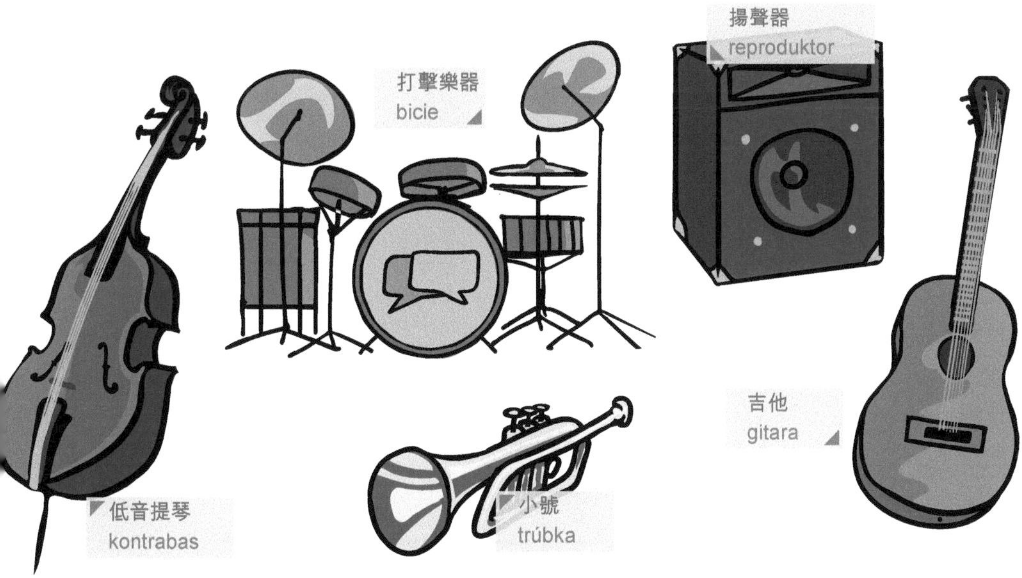

打擊樂器
bicie

揚聲器
reproduktor

吉他
gitara

低音提琴
kontrabas

小號
trúbka

鋼琴

klavír

小提琴

husle

貝斯

basa

定音鼓

tympany

鼓

bubon

電子琴

klávesnica

薩克斯風

saxofón

長笛

flauta

麥克風

mikrofón

動物園

ZOO

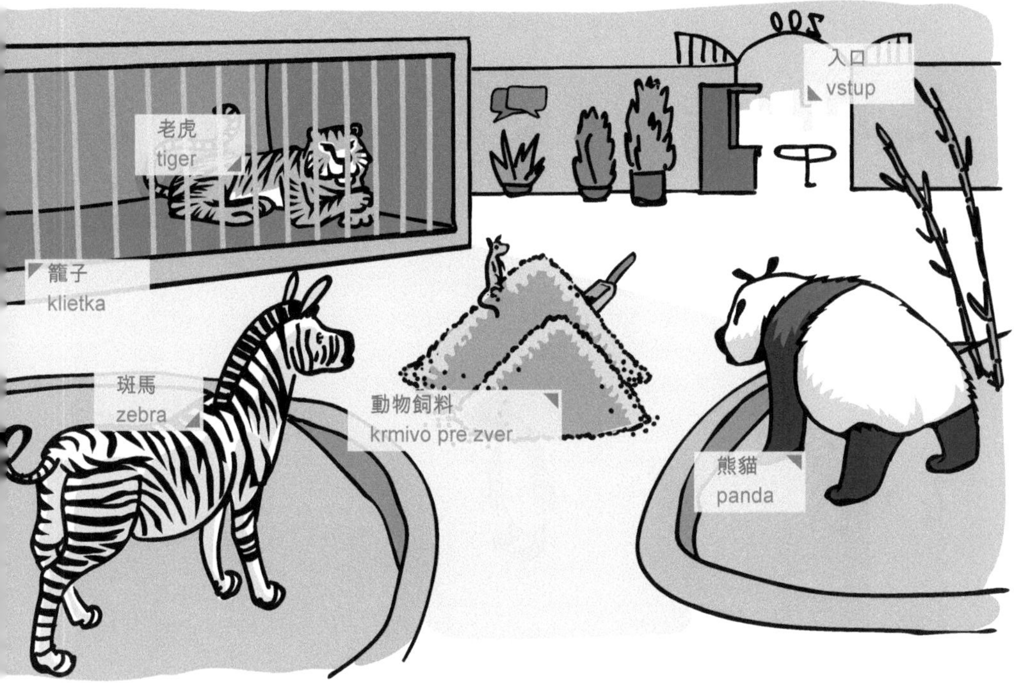

入口
vstup
老虎
tiger
籠子
klietka
斑馬
zebra
動物飼料
krmivo pre zver
熊貓
panda

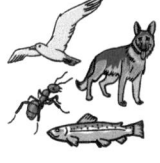

動物

zvieratá

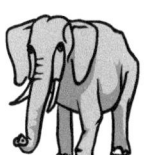

大象

slon

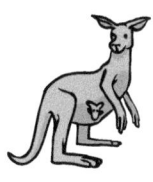

袋鼠

klokan

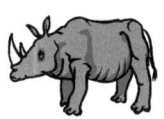

犀牛

nosorožec

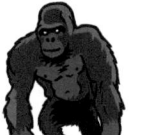

大猩猩

gorila

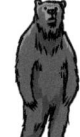

熊

medveď

駱駝

ťava

鴕鳥

pštros

獅子

lev

猴子

opica

紅鶴

plameniak

鸚鵡

papagáj

北極熊

ľadový medveď

企鵝

tučniak

鯊魚

žralok

孔雀

páv

蛇

had

鱷魚

krokodíl

動物園管理員

ošetrovateľ v ZOO

海豹

tuleň

美洲豹

jaguár

矮種馬
poník

豹
leopard

河馬
hroch

長頸鹿
žirafa

老鷹
orol

野豬
diviak

魚
ryba

龜
korytnačka

海象
mrož

狐狸
líška

羚羊
gazela

體育
šport

橄欖球
americký futbal

騎腳踏車
cyklistika

網球
tenis

籃球
basketbal

游泳
plávanie

拳擊
box

冰球
hokej

美式足球
futbal

羽毛球
bedminton

田徑
ľahká atletika

手球
hádzaná

滑雪
lyžovanie

馬球
pólo

跳
skočiť

擁抱
objať

笑
smiať sa

走路
chodiť

唱
spievať

做夢
snívať

祈禱
modliť sa

親吻
pobozkať

書寫
písať

畫
kresliť

展示
ukázať

推
tlačiť

給
dať

拿
brať

有
....
mať

做
....
robiť

當
....
byť

站
....
stáť

跑
....
bežať

拉
....
ťahať

丟
....
hádzať

摔倒
....
padnúť

躺
....
ležať

等待
....
čakať

攜帶
....
nosiť

坐
....
sedieť

穿衣
....
obliecť sa

睡覺
....
spať

醒來
....
zobudiť sa

看

pozerať

哭

plakať

擊

hladkať

梳頭

česať

交談

hovoriť

明白

rozumieť

問

pýtať sa

聽

počuť

喝

piť

吃

jesť

清理

upratať

愛

milovať

做飯

variť

開車

jazdiť

飛

letieť

航行

plachtiť

計算

počítať

讀

čítať

學習

učiť sa

工作

pracovať

結婚

oženiť

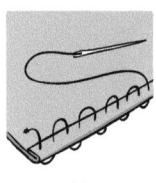

縫

šiť

刷牙

čistiť zuby

殺

zabiť

抽菸

fajčiť

寄

poslať

家

rodina

祖母
stará mama

祖父
starý otec

父親
otec

母親
mama

嬰兒
bábo

女兒
dcéra

兒子
syn

客人

hosť

阿姨

teta

叔叔

strýko

兄弟

brat

姐妹

sestra

前額
čelo

眼睛
oko

肩膀
plece

臉
tvár

手指
prst

下巴
brada

手
ruka

乳房
hruď

腿
noha

手臂
rameno

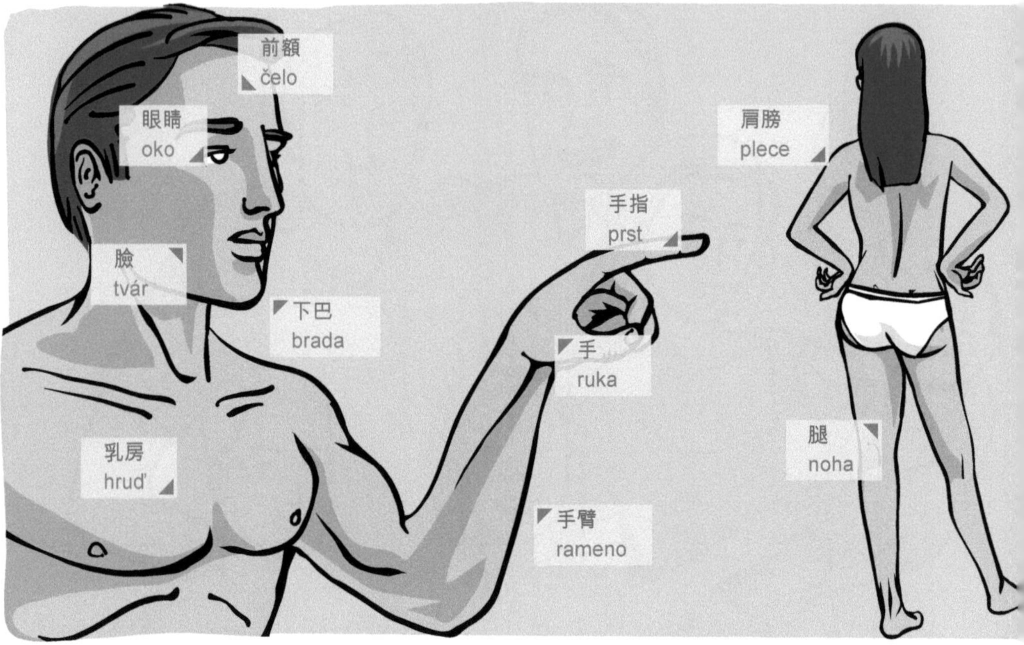

嬰兒

bábo

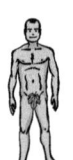

男人

muž

女人

žena

女孩

dievča

男孩

chlapec

頭

hlava

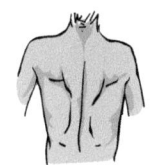

背部

chrbát

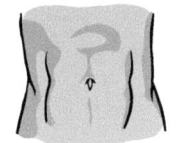

肚子

brucho

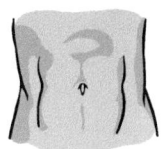

肚臍

pupok

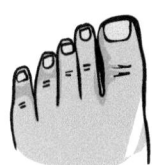

腳趾

prst na nohe

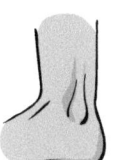

腳後跟

päta

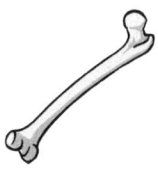

骨頭

kosť

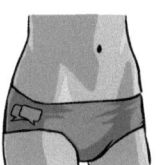

臀部

bok

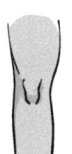

膝蓋

koleno

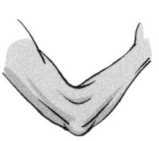

手肘

lakeť

鼻子

nos

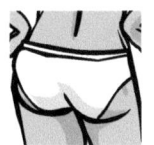

屁股

zadok

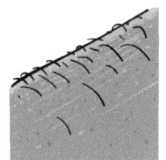

皮膚

koža

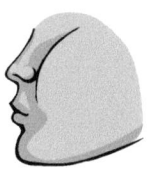

臉頰

líce

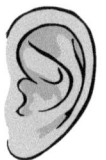

耳朵

ucho

嘴唇

pery

身體 - telo

嘴

ústa

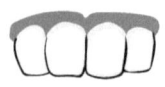

牙齒

zub

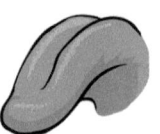

舌頭

jazyk

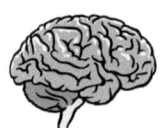

腦

mozog

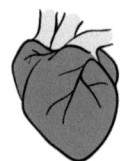

心臟

srdce

肌肉

svaly

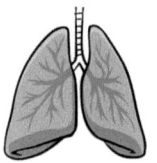

肺

pľúca

肝臟

pečeň

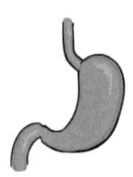

胃

žalúdok

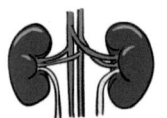

腎臟

obličky

性交

pohlavný styk

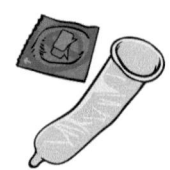

保險套

kondóm

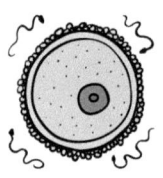

卵子

vaječná bunka

精子

semeno

懷孕

tehotenstvo

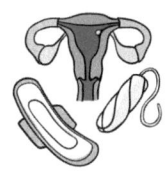

月事

menštruácia

陰道

vagína

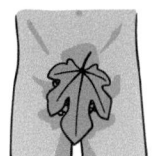

陰莖

penis

眉毛

obočie

頭髮

vlasy

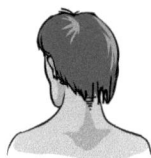

脖子

krk

身體 - telo

醫院

nemocnica

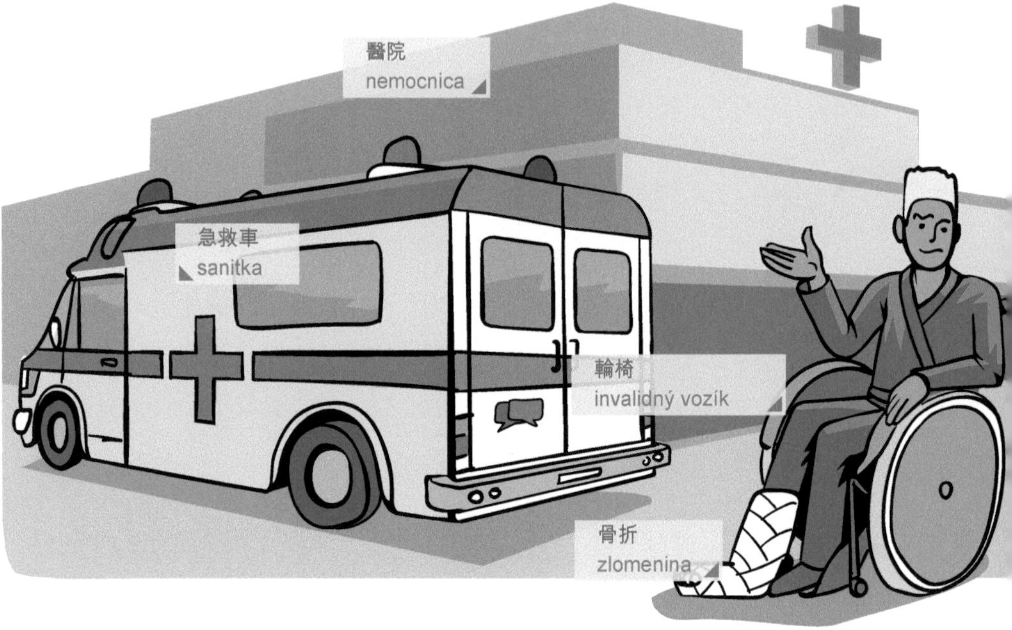

醫院
nemocnica
急救車
sanitka
輪椅
invalidný vozík
骨折
zlomenina

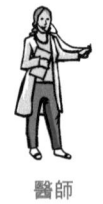

醫師

lekár

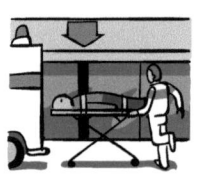

急診室

urgentný príjem

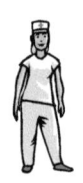

護理師

sestrička

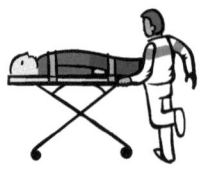

緊急情形

urgentný prípad

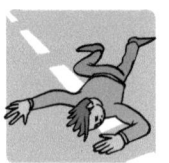

昏迷

v bezvedomí

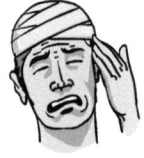

痛

bolesť

受傷

zranenie

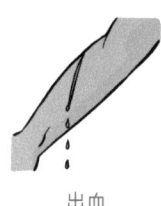

出血

krvácanie

心臟病發作

srdcový infarkt

中風

mozgová porážka

過敏

alergia

咳嗽

kašeľ

發燒

teplota

流感

chrípka

腹瀉

hnačka

頭痛

bolesť hlavy

癌症

rakovina

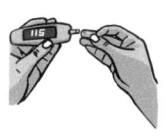

糖尿病

cukrovka

外科醫師

chirurg

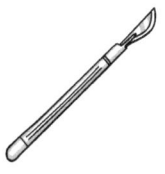

手術刀

skalpel

手術

operácia

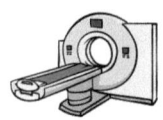

電腦斷層掃描
CT

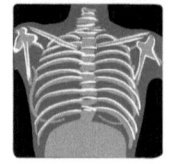

X光
RTG

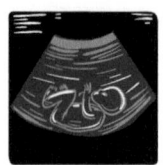

超音波
ultrazvuk

口罩
maska

疾病
choroba

候診室
čakáreň

拐杖
barla

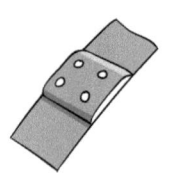

石膏
náplasť

繃帶
obväz

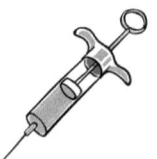

注射
injekcia

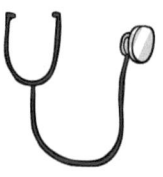

聽診器
fonendoskop

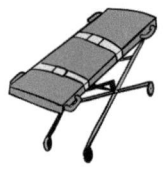

擔架
nosidlá

體溫計
teplomer

出生
pôrod

超重
nadváha

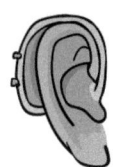

助聽器

audiofón

消毒液

dezinfekčný prostriedok

感染

infekcia

病毒

vírus

愛滋病

HIV / AIDS

藥物

medicína

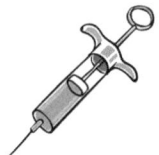

接種疫苗

očkovanie

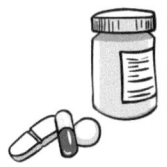

藥片

tabletky

藥丸

antikoncepčná pilulka

急救電話

tiesňové volanie

血壓計

tlakomer

生病/健康

chorý / zdravý

救命！	警報	突擊
Pomoc!	alarm	prepad

攻擊	危險	緊急出口
útok	nebezpečenstvo	núdzový východ

失火了！	滅火器	意外
Horí!	hasičský prístroj	nehoda

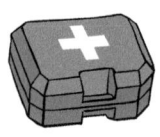

急救箱	呼救訊號	員警
kufrík prvej pomoci	SOS	polícia

歐洲

Európa

北美洲

Severná Amerika

南美洲

Južná Amerika

非洲

Afrika

亞洲

Ázia

澳洲

Austrália

大西洋

Atlantický oceán

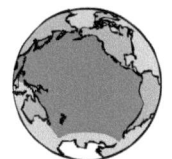

太平洋

Tichý oceán

印度洋

Indický oceán

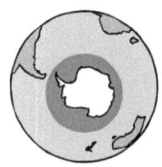

南冰洋

Južný oceán

北冰洋

Severný ľadový oceán

北極

Severný pól

南極
Južný pól

南極洲
Antarktída

地球
Zem

陸地
krajina

海
more

島
ostrov

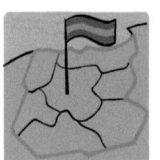

國家
národ

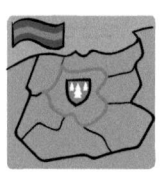

州
štát

錶盤

ciferník

時針

hodinová ručička

分針

minútová ručička

秒針

sekundová ručička

現在幾點？

Koľko je hodín?

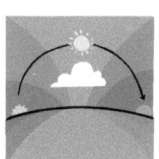

天

deň

時間

čas

現在

teraz

電子錶

digitálne hodiny

分

minúta

時

hodina

週一 pondelok	週三 streda	週五 piatok
週二 utorok	週四 štvrtok	週六 sobota
		週日 nedeľa

昨天
....
včera

今天
....
dnes

明天
....
zajtra

早晨
....
ráno

中午
....
poludnie

晚上
....
večer

工作日
....
pracovné dni

週末
....
víkend

雨
dážď

彩虹
dúha

風
vietor

雪
sneh

春
jar

夏
leto

秋
jeseň

冬
zima

天氣預告

predpoveď počasia

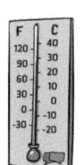

溫度計

teplomer

陽光

slnečný svit

雲

oblak

霧

hmla

潮濕

vlhkosť vzduchu

閃電

blesk

打雷

hrom

風暴

búrka

冰雹

krúpy

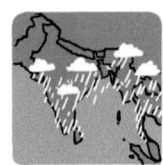

季風

monzún

洪水

záplava

冰

ľad

一月

január

二月

február

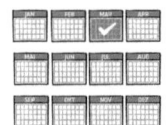

三月

marec

四月

apríl

五月

máj

六月

jún

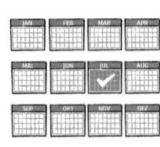

七月

júl

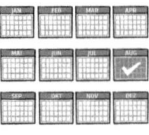

八月

august

九月
september

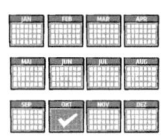

十月
október

十一月
november

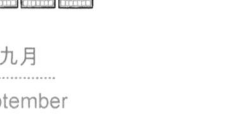

十二月
december

形狀
tvary

圓形
kruh

正方形
štvorec

長方形
obdĺžnik

三角形
trojuholník

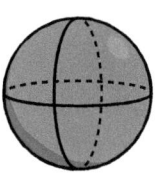

球體
guľa

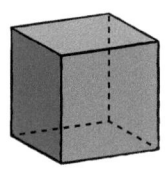

立方體
kocka

白
....
biela

黃
....
žltá

橙
....
oranžová

粉
....
ružová

紅
....
červená

紫
....
fialová

藍
....
modrá

綠
....
zelená

棕
....
hnedá

灰
....
šedá

黑
....
čierna

很多/少許

veľa / málo

生氣/平靜

zúrivý / pokojný

美/醜

pekný / škaredý

首/尾

začiatok / koniec

大/小

veľký / malý

明/暗

svetlý / tmavý

兄弟/姐妹

brat / sestra

乾淨/骯髒

čistý / špinavý

完整/缺失

úplný / neúplný

白天/晚上

deň / noc

死/生

mŕtvy / živý

寬/窄

široký / úzky

可食用/非食用
chutný / nechutný

邪惡/善良
zlostný / láskavý

興奮/無聊
vzrušený / unudený

胖/瘦
tlstý / chudý

第一/最後
prvý / posledný

朋友/敵人
priateľ / nepriateľ

滿/空
plný / prázdny

硬/軟
tvrdý / mäkký

重/輕
ťažký / ľahký

餓/渴
hlad / smäd

生病/健康
chorý / zdravý

非法/合法
nelegálny / legálny

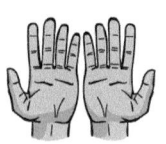

聰明/愚笨
inteligentný / hlúpy

左/右
vľavo / vpravo

近/遠
blízko / ďaleko

新/舊

nový / použitý

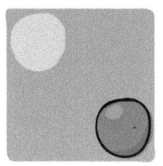

沒有/有些

nič / niečo

老/幼

starý / mladý

開/關

zapnuté / vypnuté

打開/闔上

otvorené / zatvorené

安靜/吵鬧

tichý / hlasný

富/窮

bohatý / chudobný

對/錯

správne / nesprávne

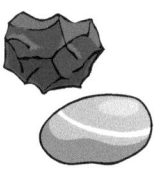

粗糙/光滑

drsný / hladký

傷心/高興

smutný / šťastný

短/長

krátky / dlhý

慢/快

pomaly / rýchlo

濕/乾

mokrý / suchý

溫暖/涼爽

teplý / studený

戰爭/和平

vojna / mier

零

nula

一

jeden

二

dva

三

tri

四

štyri

五

päť

六

šesť

七

sedem

八

osem

九

deväť

十

desať

十一

jedenásť

12	**13**	**14**
十二	十三	十四
dvanásť	trinásť	štrnásť

15	**16**	**17**
十五	十六	十七
pätnásť	šestnásť	sedemnásť

18	**19**	**20**
十八	十九	二十
osemnásť	devätnásť	dvadsať

100	**1.000**	**1.000.000**
百	千	百萬
sto	tisíc	milión

英語

angličtina

美式英語

americká angličtina

普通話

mandarínska čínština

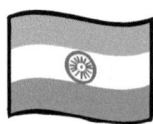

印地語

hindčina

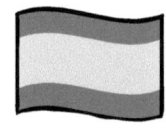

西班牙語

španielčina

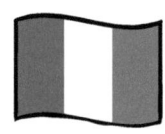

法語

francúzština

阿拉伯語

arabčina

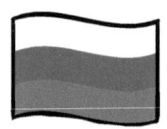

俄語

ruština

葡萄牙語

portugalčina

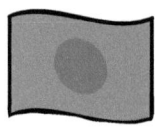

孟加拉語

bengálčina

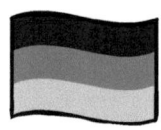

德語

nemčina

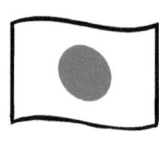

日語

japončina

我

ja

你

ty

他/她/它

on/ona/ono

我們

my

你們

vy

他們

oni

誰？

kto?

什麼？

čo?

如何？

ako?

何處？

kde?

何時？

kedy?

名字

meno

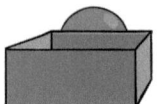

後面

za

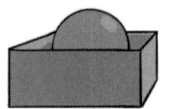

裡面

v

前面

pred

上方

nad

上面

na

下麵

pod

旁邊

vedľa

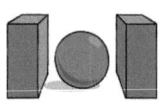

中間

medzi

地點

miesto